星座大戰 3 部曲

繪／派派

文／王小亞、幻覺、宅星婆

東倒西歪、笑倒推薦！

冒牌生　《成年禮》勵志作家 ♉

所謂星座就是講好的我都相信，講壞的我統統不信（笑）！至於這本是中肯到你不得不信（淚流滿面）！

陰盜哥　「大陪盜百貨」圖文作家 ♉

《星座大戰3部曲》終於出啦！
本來只是想了解星座，
結果太好笑我就淪陷啦！

黃色書刊　《哀傷浮游》漫畫家 ♊

十二星座就像是十二張標籤，
每個人出生就各自貼了一張標籤，
不過不管我們身上的標籤如何，
只管享受人生吧！

睫毛　《負債魔王》漫畫家 ♋

史上最具特色的12星人再次帶來
《星座大戰3部曲》降臨地球！
不僅歡樂中肯，更讓你頻頻點頭說有趣！

下一頁！

作者的話

大家好！

《星座大戰3部曲》
終於能和大家見面了！

謝謝大家的支持，
實在是太感動了。

有什麼好得意的！
都拖稿兩年了，
妳還好意思嗎？

對不起，
我不是人……

不過也因為能慢慢用心創
作，這次花了很多時間蒐
集素材和練習。

品質比以往更好，
而且還是100%全
新的內容！

想起來每日都花了大
量時間在研究畫畫上，

妳每天就努力
這些東西嗎……

超辛苦的呢……

資料蒐集

外訪交流

冥想沉思

個人成長

畫技鍛鍊

妳想我送妳一程，還是妳自己切腹。

我數到三……

等等等等等一下妳妳妳聽我解釋。

雖然拖了一段時間，但這次畫得比以往都要更好呢！

連主編大人都有稱讚我～

PIEPIE畫得很好，加她30%版稅吧！

信宏大人絕對沒有這樣說過!!!

妳記錯了吧！

除此之外，書中還隱藏了很多彩蛋。(比如說每一篇都有PIEPIE的自畫像出現～)

進入25歲後，畫功變好了但也更禿了(只剩下兩條頭髮的PIEPIE)。

最後再次感謝你的支持！

希望大家會喜歡我的第三本星座漫畫！

目錄

特別專欄：

十二星人想對十二星座說的內心話

♈ 白羊	♈	白羊座	03月21◎－04月19◎	火象
♉ 金牛	♉	金牛座	04月20◎－05月20◎	土象
♊ 雙子	♊	雙子座	05月21◎－06月20◎	風象
♋ 巨蟹	♋	巨蟹座	06月21◎－07月22◎	水象
♌ 獅子	♌	獅子座	07月23◎－08月22◎	火象
♍ 處女	♍	處女座	08月23◎－09月22◎	土象

下一頁！

 天秤座 09月23日－10月22日 風象

 天蠍座 10月23日－11月21日 水象

 射手座 11月22日－12月21日 火象

摩羯座 12月22日－01月19日 土象

水瓶座 01月20日－02月18日 風象

雙魚座 02月19日－03月20日 水象

 天秤

 天蠍

 射手

♑ 摩羯

♒ 水瓶

♓ 雙魚

白羊

金牛

雙子

巨蟹

獅子

處女

白羊座

★ 主動、勇敢、任性、簡單。
★ 想做什麼就做什麼、熱情來得快去得也快！

講義氣，可以為朋友兩肋插刀，但生氣時也可以插朋友兩刀。

★ 傳統、穩妥、悠閒、冷靜。
★ 愛物質愛儲存，但容易妒忌別人。
★ 做事節奏慢但可以一直堅持。

能躺絕不坐、能吃絕不停！

金牛座

雙子座

★ 機伶、好奇、健談、活潑。
★ 學習能力強、多才多藝。
★ 八卦小能手。

說話逗趣且訊息量大，但對訊息不加分辨，甚至常自相矛盾。

♎ 天秤
♏ 天蠍
♐ 射手
♑ 摩羯
♒ 水瓶
♓ 雙魚

巨蟹座

★ 多情、含蓄、膽小、忠誠。
★ 多愁善感，情緒不穩定。
★ 愛笑又愛哭，喜怒哀樂各種感受強烈。

有時像個大嬰兒，
大多數的時候像個媽。

獅子座

★ 自信、快樂、驕傲、炫耀。
★ 青春鮮活、自我為中心。
★ 喜歡被表揚，但為了突出有時會打壓別人。

總有特別擅長的才華，
有表演慾，在人群中
顯得特別突出。

處女座

★ 謹慎、細緻、謙虛、挑剔。
★ 做事一絲不苟精益求精。
★ 解決問題小能手。
★ 追求完美，但對看不慣的事略顯刻薄。

喜歡學習，
平常非常安靜，
偶爾略顯自閉。

白羊

金牛

雙子

巨蟹

獅子

處女

天秤座

★ 愛美、和諧、平衡、圓滑。
★ 追求形式上和外在美感。
★ 體面優雅，宇宙第一和事佬。

待人接物能力強，
但容易站在對立面看問題，
為取悅別人而失去自己。

★ 性感、陰鬱、激烈、祕密。
★ 追求深度，亦正亦邪神祕魅力。

待人接物有穿透力
有時讓人覺得干涉過多。

天蠍座

射手座

★ 熱情、真誠、狂熱、愛冒險、理想主義。
★ 四處遊蕩、煽動性強。
★ 希望永遠保持漫遊狀態。

頭腦和行事作風開放，
言必談道德和意義。
有時讓人覺得粗魯、不體面。

下一頁！

★ 嚴肅、認真、隱忍、沉悶。
★ 自律克己,信服權威。
★ 超級負責任。

胸懷大志但做事有所保留,
容易過度壓抑自己和
過度控制別人。

摩羯座

水瓶座

★ 聰明、疏離、叛逆、有個性。
★ 理想主義,特別有社會責任感。
★ 智力超凡。

人群中不從眾、不妥協、
不屈從的那一個。
總是讓自己跳脫出來,
給人冷漠的印象。

★ 柔軟、多變、順從、飄渺。
★ 適應力非常強,可以融入一切場景。
★ 天賦靈感,無限可變。

擅長美化事物和逃避煩惱,
但容易脫離現實、自欺欺人。

雙魚座

好不好篇
知錯能改，善莫大焉！

來認識十二星座好
與不好的地方吧！

下一頁！

♎ 天秤

♏ 天蠍

♐ 射手

♑ 摩羯

♒ 水瓶

♓ 雙魚

白羊座熱情開朗好相處，

子華～難得你來澳門！
我帶你吃酥皮蛋塔吧～

然後去吃晚飯跟消夜，
卡拉OK我請你吧！

澳門最出名的
不是葡式蛋塔嗎？

而且我早有計畫了，
不用你陪我了。

但自尊心太強，容易因別人的一句話受傷。

好啦好啦，
謝謝你陪我了……

我覺得心很累……

白羊

金牛

雙子

巨蟹

獅子

處女

下一頁！

白羊
 金牛
 雙子
 巨蟹
 獅子
 處女

下一頁！

天秤

天蠍

射手

摩羯

水瓶

雙魚

獅子仗義講義氣，總是幫別人解決困難，

明天是瑪莉的生日趴，可是我沒有好看的衣服……還是不去了……

傻瓜，怎能放棄這樣的機會我把我的戰鬥服借給你吧！

真的嗎！

當然沒問題，不行的話我私人贊助500給你。

但過於強勢固執，讓人覺得沒辦法好好商量。

可是我不要頂著爆炸頭去別人的生日派對！！

爆炸頭才是男人的浪漫！你懂不懂！

我才不要這樣穿！

你想追到她，聽我的準沒錯！

白羊

金牛

雙子

巨蟹

獅子

天秤 天蠍 射手 摩羯 水瓶 雙魚

射手座樂觀瀟灑陽光自信，

YAHOO！

我要變成風了！！

但活得太過自我，凡事只為自己著想不會考慮別人感受。

高空彈跳好刺激呢，我幫你準備好了！

一起來嗨吧～

等等！我什麼時候說過要玩了！！

你放開我啊！放開我啊！！

保證你一試就愛上，快點跳吧！不要在這婆媽了！

白羊
 金牛
 雙子
巨蟹
獅子
處女

摩羯座誠懇務實做事有拚勁，

老闆，報告再十分鐘就OK！

真的謝謝你了，送你一張購物券，獎勵一下自己吧！

謝謝老闆！

但太過現實精明，算計過頭容易因小失大。

一開始只想換點數卡，但店員說組合購買會比較便宜，結果把PS4也買了下來……

想著分期付款也不錯，還能儲信用卡積分，但原來必須按原價買還不帶任何折扣……

早知道就把購物券賣了更好，呵呵……

下一頁！

天秤
天蠍
射手
摩羯
水瓶
雙魚

水瓶座積極進取又自信，有很好的領導力，

同志們！我們不能再忍受滿清的極權統治！

拿出你的勇氣，我們要推翻清政府！

清

明

跟我一起上吧！

但太過情緒化，不開心的時候毫不在意別人感受。

我說過革命的旗幟必須是黃色的！

我不管，你這大豬頭！不是黃色的話我不幹！

隊長……冷靜一點。

清

明

可是我只找到綠色的……

冷靜你妹！！有時間說這個，快去找黃旗吧！豬頭！白痴！

♈ 白羊
♉ 金牛
♊ 雙子
♋ 巨蟹
♌ 獅子
♍ 處女

思維篇

十二星座的都是用怎樣
獨一無二的方式來思考？

白羊

金牛

雙子

巨蟹

獅子

處女

白羊座的思維就像流星雨，瞬間可以有無數的想法，
華麗耀眼，但想過就算，很少有下文。

金牛座的思維是一條線，堪稱頑固。
認定的方向十頭牛都沒辦法把直線拉彎。

 天秤
 天蠍
 射手
 摩羯
 水瓶
 雙魚

雙子座的思維是兩條直線形成的交叉線，總是從對立開始，一個說可以，一個說不。隨後慢慢靠近，但想想又覺得不妥，最後越離越遠。

巨蟹座的思維就像暈開的墨水，明明只是一小滴，
但到了巨蟹座心裡卻無限擴大。

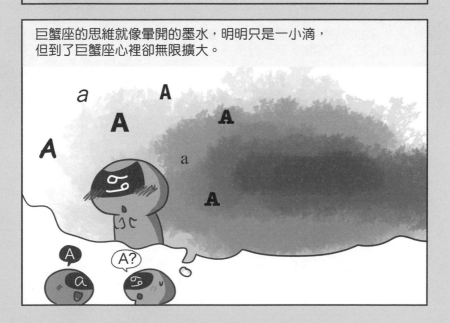

白羊

金牛

雙子

巨蟹

獅子

處女

獅子座的思維是一個圓形，總是以自我為中心向外發散。

處女座的思維就像一團被貓咪揉虐過的毛線球，
到處打結，容易想不開，自己困住自己。

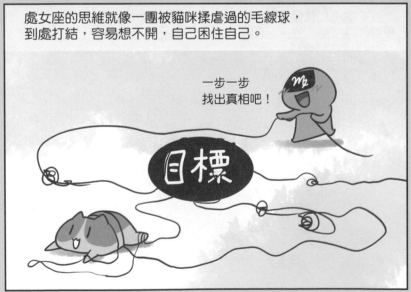

下一頁！

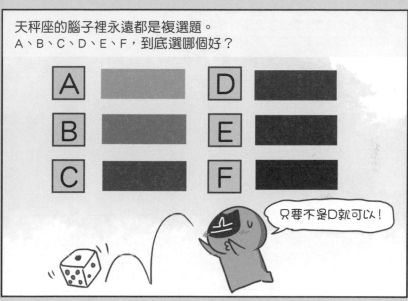

天秤座的腦子裡永遠都是複選題。
A、B、C、D、E、F，到底選哪個好？

只要不是D就可以！

♎ 天秤
♏ 天蠍
♐ 射手
♑ 摩羯
♒ 水瓶
♓ 雙魚

天蠍座的思維是由一點擴散出去的無數條放射線，
常常因別人的一句話而延伸出無數個問題。

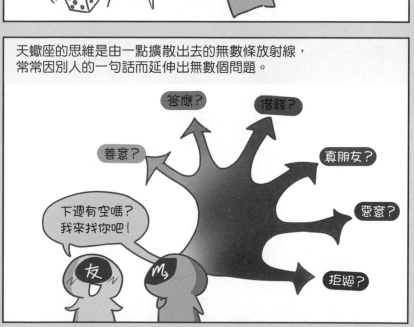

白羊
金牛
雙子
巨蟹
獅子
處女

射手座的思維如離弦之箭，勇往直前，想做的事情會義無反顧的實踐。思考方式也是直入主題，不會走彎路。

摩羯座的思維像一盤圍棋，步步為營，每一步都會想好後招，最終目的就是擴大自己的領土，將自己的利益最大化。

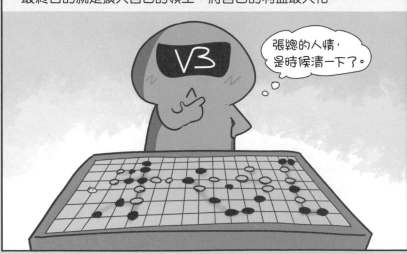

下一頁！

天秤

天蠍

射手

摩羯

水瓶

雙魚

水瓶座的思維就像在跳躍的青蛙，從一處跳到另一處，
而你永遠趕不上他跳躍的步伐。

雙魚座的思維就像蜘蛛網，永遠在編織可以無限擴散，
給雙魚座一根絲他就可以創造一個世界。

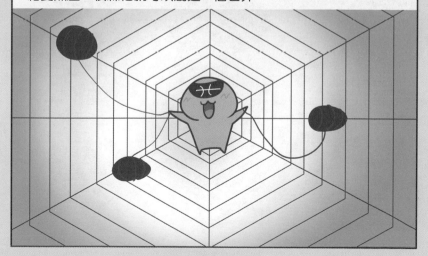

白羊座想對十二星座說的內心話

白羊我們來比比
誰更厲害吧！

金牛你這慢吞吞
的傢伙！礙事！

雙子你的注意力可以
集中點嗎？礙事！

巨蟹你怎麼總心痛啊，
再喊換我頭痛了……

獅子你說你的，我
先走了喔（Bye）！

處女你說有片瓜子殼掉在
垃圾桶外？我沒看見啊！？

天秤，你就跟著我混吧
（包你吃香喝辣）。

天蠍你敢來黑的，
我就敢揍你！

射手你想太多了，
我先走啦！

摩羯，你……
不累嗎？

水瓶你這麼強，
怎麼不上天？

雙魚你是外星人吧！

勇氣篇

十二星座在猶豫了，
要怎麼做才能激發他們的勇氣！？

TO BE OR NOT TO BE
這是一個問題……

白羊

金牛

雙子

巨蟹

獅子

處女

我說你不行的啦！

什麼不行！
放開，讓我來！

白羊座在阻擋中證明自己。

別急～慢慢來
做到有獎品喔！

BUBU～

讓金牛按自己的節奏做有回報的事。

你覺得要怎樣？
給你發揮好了。

放心交給我吧！

讓雙子座發揮自己的創意。

我要死了、我要死了～

我要急死了！只有靠你幫我了～

好了、好了！

只要激發巨蟹座的同情心就好。

大家都覺得只有你能勝任，這件事非你莫屬啊！

沒問題～看我的！

讓獅子座感到被崇拜，事情就好辦！

你不做，別人更不會做！做錯怎麼辦？

果然，還是要我出手！

要讓處女座覺得沒他不行。

天秤 天蠍 射手 摩羯 水瓶 雙魚

白羊

金牛

雙子

巨蟹

獅子

處女

下一頁！

天秤

天蠍

射手

摩羯

水瓶

雙魚

如果這合作成事了，我叫老闆升你做經理。

合作愉快！

給摩羯座一次飛躍的機會。

不可能做到的，這麼舊的引擎～

還是回家睡吧，浪費時間！

我就不信！

給水瓶座表現出與眾不同的機會。

來嘛～你真好！

好可愛喔～你真的超可愛的～只要這樣很簡單哦～來吧～好嘛～答應人家嘛～～

對雙魚撒嬌就搞定。

金牛座想對十二星座說的內心話

白羊你太快！
我看不見了！

金牛你有的我也有！

雙子你說得太快，
我聽！不！懂！

巨蟹你讓人覺得很療癒，
別找死就行了。

獅子你太愛炫耀了～

處女人很好，
適合伺候我。

天秤你不說話就挺好的。

天蠍不要跟我搶東西！

射手你有病嗎？

摩羯好～懂事！

水瓶你快點回母星吧！

雙魚＝神仙。

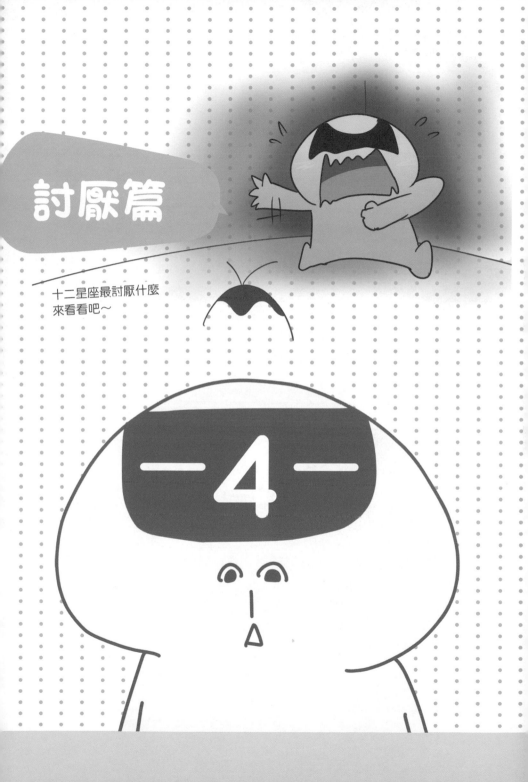

討厭篇

十二星座最討厭什麼
來看看吧～

雙子座最討厭＞重複

抄我！

雙子最討厭別人和自己用一樣的東西，
若是遇到撞衫，就再也不會穿這件衣服。

巨蟹座最討厭＞鬧鐘

我恨你！

對巨蟹來說，床是最想待的地方，
沒有什麼比把他和床分離更痛苦的事了。

天秤
天蠍
射手
摩羯
水瓶
雙魚

白羊

金牛

雙子

巨蟹

獅子

處女

獅子座最討厭＞打斷他說話

我昨天去考駕照
那個考官說我考得

我去年考駕照時！
（省略一萬字）

你先
聽我說

最有趣的不是這個～
後來呀（省略一萬字）

喂喂！

然後呀！你猜到嗎？
（省略兩萬字）

獅子在講話的時候你只要聽就好，
要是在獅子說話時打斷他，你們的仇就結上了。

處女座最討厭＞堵塞的馬桶

當處女看到馬桶堵塞的時候，不去疏通不能忍，
要自己去通也是太髒做不到，絕對可以把他們逼死。

下一頁！

天秤座最討厭＞手機沒電

天呀！為什麼你要這樣對我……

作為社交達人的天秤，手機沒電等於把他與世界隔絕那麼殘忍。

♎ 天秤

♏ 天蠍

♐ 射手

♑ 摩羯

♒ 水瓶

♓ 雙魚

天蠍座最討厭＞欺騙自己

對不起喔，我昨天去圖書館了！忘了要去找你這件事～

是喔，是這樣嗎？那就算了吧～

當我三歲嗎？

別人欺騙自己的時候天蠍表面上沒什麼，內心卻會默默的記下一筆。

射手座最討厭＞吃飯等位

射手想做的事太多，最討厭無止盡的等待浪費他的時間。

摩羯座最討厭＞插隊

講求規則次序的摩羯最痛恨別人破壞既定的規則。

下一頁！

水瓶座最討厭＞反應遲鈍的人

跟你說個笑話，從前有個太監～

下面呢？

沒了。

然後呢？

就是沒了！

所以呢？

都說沒下面了！豬頭，大笨蛋！

所以後面是什麼？你只說一半好奇怪耶～

對於那些跟不上他們思路的人，水瓶恨不得馬上和他們說再見。

天秤

天蠍

射手

摩羯

水瓶

雙魚

雙魚座最討厭＞以上所有

不好好愛我是不行唷～

每一位雙魚都有一顆公主心，所以來伺候我們雙魚吧～

雙子座想對十二星座說的內心話

白羊你只有肌肉沒腦子。

金牛太呆滯，木頭人。

雙子我們一起說相聲，
一定能紅透半邊天！

巨蟹，你不累嗎……

獅子，一個字爽！

說不過處女，離他遠點好……

天秤你太會裝了。

天蠍好嚇人呀！

射手你別裝深沉了。

沒想到還有摩羯這
種神人的存在。

水瓶你是我的
好兄弟、好基友！

雙魚你是天生
的吉祥物吧～

—5—

焦慮篇

當遇見一件很著急的事情，
卻什麼都不能做，
十二星座焦慮起來會怎樣？

白羊

金牛

雙子

巨蟹

獅子

處女

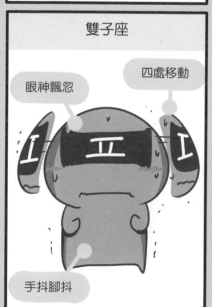

天秤

天蠍

射手

摩羯

水瓶

雙魚

獅子座

那個笨蛋……
我兩秒鐘就KO他了～
根本沒必要擔心吧！

說著狂妄的話

覺得冷

心跳加快

處女座

這是什麼清潔劑？
垃圾呀！

到處挑毛病

不停找事做

去廁所

天秤座

截稿日是哪一天？

明天吧……

時間還夠嗎？

應該可以的……

那沒問題了？

嗯，大概……

問自己問題，回答自己，
再反問自己，再反反問自己……

天蠍座

表情呆滯

躲避人群

失眠

白羊
金牛

雙子
巨蟹

獅子
處女

射手座

草!誰爆我頭了!

喝酒

玩、拖延

摩羯座

Are You OK?

答非所問

我洗過澡了

別擔心了,不過虧百萬的事我可以的……

故意提起這件事但刻意輕描淡寫

發呆

水瓶座

草,怎麼還是星期三呢?

說話帶火

頭痛

過動症

雙魚座

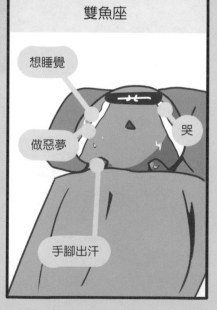

想睡覺

做惡夢

哭

手腳出汗

DEADLINE篇

十二星座面對工作的死線！
會有什麼反應呢？

白羊
金牛
雙子
巨蟹
獅子
處女

截止日前十天

截止日前五天

截止日前一天

截止日當天

巨蟹座想對十二星座說的內心話

白羊你不理我很可怕。

金牛太會算計好可怕。

精神分裂的雙子很可怕。

大家都是巨蟹，我懂你。

獅子你膽子真大。

處女你太刁蠻了。

你明天生日？
我叫祕書送
你花吧！

天秤做事不帶真心好可怕。

天蠍用情很深，但容易
失控，好可怕……

射手太花了吧……

你餓不餓？
我煮個麵給
你吃吧！

摩羯人真好，我喜歡你！

水瓶從外星來的吧？
有點可怕。

雙魚是藝術家！

打擊篇

什麼事對十二星座來說
是最大的打擊呢？
來看看吧！

白羊

金牛

雙子

巨蟹

獅子

處女

我的拼圖！！

破壞白羊專心做的事。

這個鄭和用過的
保溫瓶，真是好看！

古時候哪有
保溫瓶。

告訴金牛錯了。

好吧～你去上班吧！
不用在意我。

我不會吵
你啦！

黏著雙子不給他一點空間。

下一頁！

061

你不是跟靜倫她們一咽嗎？

我只是問路而已！

對你這種背信忘義的人，我們是不會接受的！

懷疑巨蟹的忠誠。

你看你，另像一件垃圾。

讓獅子認輸。

空手道我是最強的！你就只是個垃圾！垃圾！！

這是我花二十年時間做的。

沒什麼大不了吧，這種事誰都辦得到吧！

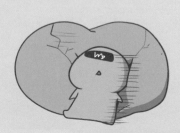

小看處女。

白羊

金牛

雙子

巨蟹

獅子

處女

找天秤吵架。

客人你這麼著急
是不是有什麼事？

我X你媽個C！
大姨夫，你這個傻D！
吃大便去吧，死GG！

那個人是來修冷氣的，
不過突然地震了，

所以才躲進衣櫃裡……
你不要亂想了！

欺騙天蠍。

期末報告截止日期是123小時45分6
秒後，於七棟八樓九號房交給我，不
然你們就死·定·了！

強迫射手。

下一頁！

天秤

天蠍

射手

摩羯

水瓶

雙魚

你昨天說要去籽的火龍果，我幫你弄好了！

其實我就是跟你開開玩笑，你幹嘛這麼認真～

玩弄摩羯。

老子才不要你的可憐！

對水瓶表示同情憐憫。

月底沒錢了，只能吃素嗎？這麼可憐，我帶你上餐館吧！

可以點肉，吃肉喔～

謝謝你的蛋糕啦！但你手藝真不怎樣～

下次還是用買的吧。

否定雙魚的付出。

獅子座想對十二星座說的內心話

白羊有勇無謀不足懼。

金牛目光短淺不足懼。

雙子膚淺愛現不足懼。

戀家巨蟹不足懼也。

這獅子沒我厲害。

處女矯情小事不足懼。

天秤果然是靈感之神。

天蠍內心陰暗好恐怖。

射手你這是欠揍。

摩羯你活得不累嗎？

水瓶你弄得我心煩。

雙魚……你這人，
我看不懂……

白羊

金牛

雙子

巨蟹

獅子

處女

你妹的敢絆倒我！
不想活了吧！！！

白羊座在哪裡摔倒，
就在哪裡狂揍大地。

呵呵～運氣真好～

金牛座在哪裡跌倒，就在
哪裡找找有沒有東西可以撿。

最近美國低氣壓的影響，
使得范德華力變弱，
害得我一個不小心……
就摔倒了～

哈哈哈～

雙子座不管在哪裡摔倒
都會拚命找個理由。

下一頁！

天秤

天蠍

射手

摩羯

水瓶

雙魚

老天爺⋯⋯怎麼又摔了？
你是故意的嗎⋯⋯

巨蟹座在哪裡跌倒
就在哪裡抱怨自己命苦。

當年我在這裡跌了
一跤我跟自己說！跌
了！就要站起來！

獅子座在哪裡摔倒
就在哪裡歌頌挫折。

這裡凸出來2公厘
工人是白痴嗎！

再讓我見到
他就死定了！

處女座在哪裡摔倒
就在哪裡趴著分析原因。

白羊

金牛

雙子

巨蟹

獅子

處女

你不覺得這個姿勢很性感嗎？
我是故意擺POSE的喔～

天秤座在哪裡摔倒
就在哪裡裝成是自己故意倒下。

豆腐渣馬路工程害人！
嚴懲相關單位！

不良馬路
主人生氣
追求賠償

幫助受害人！

天蠍座在哪裡摔倒
就在哪裡索賠。

你瞎了眼嗎？
這也能摔！

我真是太傻逼了！

哈哈哈哈～～

射手座在哪裡摔倒
就在哪裡自嘲～

♎ 天秤
♏ 天蠍
♐ 射手
♑ 摩羯
♒ 水瓶
♓ 雙魚

摩羯座在哪裡摔倒
就在哪裡指責政府。

水瓶座在哪裡摔倒
就多一個吹牛的故事。

雙魚座在哪裡摔倒
就不再走（那條）路。

處女座想對十二星座說的內心話

白羊＝沒腦子。

金牛＝沒腦子。

雙子＝只有嘴沒腦子。

巨蟹＝愛哭＋沒腦子。

獅子＝裝帥＋沒腦子。

這個處女還不夠我好。

天秤只會假裝完美
但本質還是沒腦。

天蠍只會盯著別人，
又不看看自己沒腦。

射手終究是粗鄙之人。

摩羯算太久太累了。

水瓶有腦但沒用。

雙魚太傻太天真。

回頭篇

十二星座在街上聽到這句話
會有什麼反應？

美女，妳錢包掉了！
回來呀！！！美女！

天秤座想對十二星座說的內心話

白羊你有無限精力嗎?

金牛你是土豪。

雙子是嘴砲。

巨蟹太敏感。

獅子太浮誇。

處女有自閉症。

最欣賞你了~天秤。

天蠍管太多。

射手是個自由的傻瓜。

看摩羯就像看一個
大老的誕生。

水瓶我送你回
母星好不好?

雙魚你整天胡思亂
想應該學學我。

母親篇

十二星座當媽媽後
哪個星座最多慈母、
哪位星媽最新潮、
哪位星媽最恐怖？
一起來看看吧！

白羊

 金牛

 雙子

 巨蟹

 獅子

處女

胖虎他搶了我的玩具……

敢欺負我兒子，我要你道歉！

白羊座：勇士媽媽（白羊媽媽總是在第一時間張開保護傘）

早餐只能吃一顆蛋，制服給你洗好了，零用錢只有五元，不准亂花錢喔！

OK～

金牛座：實用媽媽（金牛媽媽的愛滲透進日常小事）

超酷呢～

你說媽媽我是不是很酷！

雙子座：愛現媽媽（雙子媽媽希望自己的寶寶特立獨行）

下一頁！

天秤

天蠍

射手

摩羯

水瓶

雙魚

兒子，多穿件衣服吧～
天氣變冷了～
你看，是你最愛的顏色呢！

你是不是很愛
媽媽我呢？

我也最愛你了！

媽，我7歲了！不用
妳提醒我穿衣服！

巨蟹座：黏人媽媽（寶寶
是巨蟹媽媽的第一情人）

媽，我鉛筆盒壞了～
妳幫我買一個吧。

嗯。

2016年最新秋冬款！
兒子，這是你的了！

獅子座：土豪媽媽（獅子媽媽
的愛總在大手一揮買買買！）

3×9=？

27

12×12=？

144

Sin90=？

1

寶寶不錯喔～
把三字經再背一次
就去看電視吧。

處女座：教師媽媽（處女媽媽從
寶寶小時候就注重培養秩序）

白羊

金牛

雙子

巨蟹

獅子

處女

兒子～我是不是你們班上最漂亮的媽媽呢？

老爸，明天家長會你代替媽媽來吧！

天秤座：愛美媽媽（天秤即使做了奶奶也是愛美的奶奶）

數到三，再不去寫作業就不給你今天的零用錢！

一　三

不聽話的孩子今天沒零用錢了。

妳不按劇本走！

天蠍座：嚴厲媽媽（天蠍媽媽在家裡往往是當仁不讓的權威）

對方怪很強，我打不過！你來幫我打中路吧。

媽，我明天月考！

兒子，快點過來！我要死了我要死了！

射手座：淘氣媽媽（射手媽媽自己要先玩盡興）

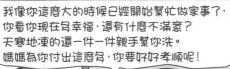
我像你這麼大的時候已經開始幫忙做家事了，
你看你現在多幸福，還有什麼不滿意？
天寒地凍的還一件一件親手幫你洗。
媽媽為你付出這麼多，你要好好孝順呢！

你懂不懂
媽媽的心意呀～

妳用洗衣機洗
不就好了嗎？

摩羯座：辛苦媽媽（摩羯媽媽
最會教育孩子生活的艱辛）

這個表情好有趣
傳給兒子吧～

你媽炸了！

你這麼屌
你媽知道嗎？

媽！我是妳女兒！

水瓶座：新潮媽媽（水瓶媽媽對孩
子的教育也是走在時代尖端上）

加點糖炒一會？
一會要多久呢？

30秒應該差
不多吧……

媽媽～我今天考
試100分，不如去
外面吃吧！

雙魚座：迷糊媽媽（有時候真的
分不清楚誰是寶寶誰是媽）

天蠍座想對十二星座說的內心話

白羊凡事都急功求成，有什麼陰謀？

金牛你把你所有的都給我就對了。

雙子你經常轉移話題，不是在敷衍我就是有陰謀。

巨蟹你把你喜愛的都給我就對了。

獅子老是當主角誰幫他撐腰呢？

處女你說的其實我都懂的，只是不說而已。

天秤整天笑臉迎人，到底在想什麼？

這個天蠍和我一樣聰明，有必要防備一下。

射手座怎麼能每日都在玩耍？

摩羯座：人世間最大的對手。

水瓶座整天裝瘋賣傻，背後一定藏著什麼陰謀。

讓我融化在雙魚的懷抱中吧。

理想戀人篇

十二星座心中最理想的戀人
是什麼樣子？
來看看吧！

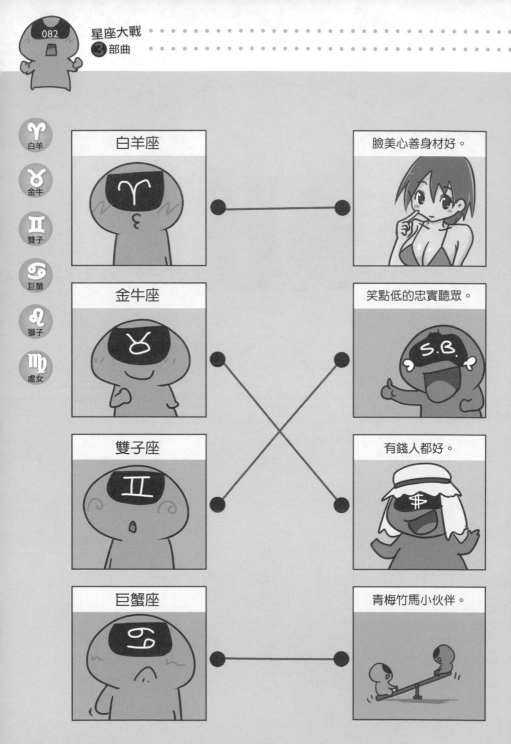

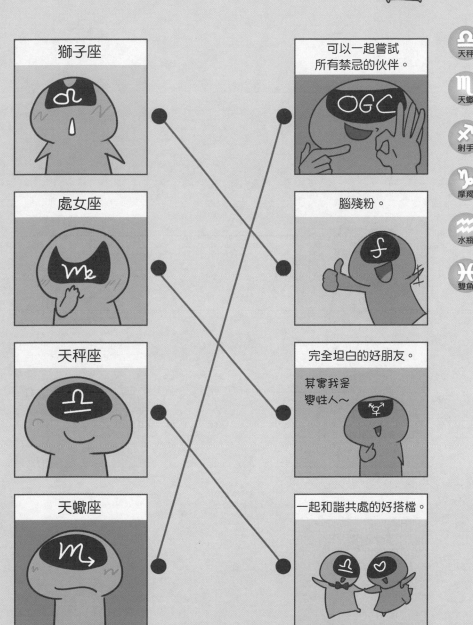

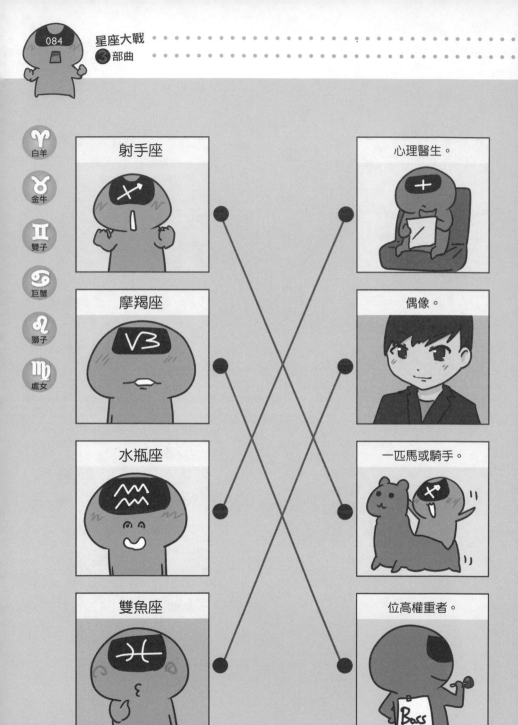

達令～我們週末去哪裡約會啊？

省錢約會篇

怎樣才能為十二星座
準備一場省錢又浪漫的約會呢？

白羊

金牛

雙子

巨蟹

獅子

處女

白羊座：海邊奔跑
理由：能讓白羊享
受追逐的樂趣。
花費：$ 0

輸的人今晚請吃飯喔！

達令～來追我啊！

金牛座：公園野餐
理由：有好風景好吃
的就足夠了。
花費：$ 300（野餐餐點）

雙子座：咖啡廳看書
理由：互相推薦一本
書交流彼此的愛好。
花費：$150（一杯咖啡）

我借你看看吧！

好有趣的
樣子呢！

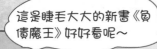
這是睫毛大大的新書《負
債魔王》好好看呢～

天秤

天蠍

射手

摩羯

水瓶

雙魚

巨蟹座：在家看電影
理由：巨蟹的浪漫就是毛茸茸的動物、甜品和溫暖抱抱的總和。
花費：$20（1根冰淇淋）、70（租一片電影）

獅子座：看舞臺劇
理由：讓獅子感受到刺激又戲劇的場景。
花費：$1000++

處女座：在頂樓數星星
理由：能讓處女享受新鮮空氣和寂靜星空下的浪漫。
花費：$0

白羊
♈

金牛
♉

雙子
♊

巨蟹
♋

獅子
♌

處女
♍

天秤座：看藝術展
理由：能讓天秤覺得特別而不俗套。
花費：$300（一張門票）

左邊是飯飯大師的作品，她的人體畫超好看的

右邊是現代漫畫大神兔姊魚的作品～

是現代風格的殿堂級大師呢！

都好好看呢！

天蠍座：路邊喝酒談人生
理由：簡單但深刻的感覺最能觸動天蠍。
花費：$45（一瓶啤酒）

前幾年我被她劈腿了，不過我不後悔，我要活得更好！

說得好，我們以後也要活得精采！

不過我聽說她好像也被人劈腿了，真是大快人心啊！

射手座：去他沒去過的地方
理由：哪怕只是探索一間廢棄的房子也能激發射手的冒險精神和漫遊癖。
花費：$0

我哪知道……進去看看吧。

這裡真的是劉得華以前住的房子嗎？

摩羯座：圖書館／博物館
理由：在富有歷史感與知識性的地方，容易找到摩羯感興趣的東西。
花費：$0～300（一張門票）

水瓶座：少有人去的地方
理由：只要不是人多吵鬧的地方就可以了。
花費：$0

雙魚座：做義工
理由：把雙魚的愛心發揮到約會中吧。
花費：$0

♎ 天秤

♏ 天蠍

♐ 射手

♑ 摩羯

♒ 水瓶

♓ 雙魚

射手座想對十二星座說的內心話

白羊的世界如此
簡單呢。

金牛為什麼你能
賺這麼多錢?

雙子頭腦和我一
樣簡單呢。

呀～巨蟹能照顧
我,很可愛!

狂妄而不自知的
獅子,呵呵!

處女你也想太多了
吧,呵呵呵!

呀,天秤比我帥呢!

啊～天蠍比我
酷,好可愛!

射手不要跟我搶東西!

有點怕摩羯……
呵呵呵～

我的天!水瓶你
太神奇了!

比我還會賣萌的
雙魚座～

—13—

匿名巧克力篇

十二星座在情人節收到
匿名巧克力的反應是什麼？

白羊

金牛

雙子

巨蟹

獅子

處女

白羊座
誰暗戀老娘，出來認了吧！
週末陪你～

白羊座馬上發臉書，
問誰送的～

莫非這就是傳說中的……
黃金巧克力！！！

金牛座比較在意巧克力，
誰送的都沒關係啦～

太耀眼了！

好吃

一盒就想搞定我？
呵呵～

雙子座想要的不只是巧克力。

誰的呢……
是給你的嗎？

放錯了吧……

巨蟹座緊張的猜測
會不會是送錯人了。

誰這麼迷糊，
居然放錯位置了？

啊哈哈哈哈！就知道有人暗戀我！

獅子座很開心～
又收到巧克力了～

看～我又收到了！

莫非真的是送
給我的！？

誰送你的？

明知我不喜歡紅色
還這樣包裝。

處女座表面吐槽，
內心其實超HAPPY！

討厭……
是誰送我的呢？

我才沒有很喜歡。

送禮物能不能
認真一點呀～

白羊
 金牛
 雙子
 巨蟹
 獅子
 處女

今年又一堆喔……

天秤座看到一大堆巧克力，糾結到底要和哪個人過情人節。

天蠍座一看包裝的品味風格，就知道是誰送的了！

這個是卡文送的吧～

這個是豬芬送的一定有毒的……

還是扔了吧～

又是巧克力～真悶耶～

射手座表面上裝作什麼事都沒有，私底下趕快偷偷查是誰送的。

是你送的嗎？

NO

天秤

天蠍

射手

摩羯

水瓶

雙魚

什麼！？
收到巧克力了！

大新聞耶！

誰送的、
誰送的？

摩羯座收到禮物
表面和內心一樣平靜，
反而四周的人比他更激動。

Aquarius
33分鐘

今天收到的巧克力～哈哈哈哈哈哈

水瓶座拿著巧克力，
開始拍照炫耀！
（一定要和巧克力拍一張！）

雙魚收到巧克力，
腦內開始上演各種情節，另外
還會收藏包裝紙當作紀念。

好浪漫喔，
連我喜歡什麼口味
都知道呢～
是誰呢？會是誰呢？

摩羯座想對十二星座說的內心話

白羊你要知道人無遠慮必有近憂。

金牛目光短淺必有近憂。

雙子輕浮放蕩必有一劫。

巨蟹你在憂愁什麼？讓我來罩你吧！

獅子風光一時必有近憂。

處女耽於細節成不了大事。

天秤流於表面必有問題。

天蠍你還算不上我的對手。

射手我給你套個馬鞍比較安全。

摩羯三十年後我們一決高下！

水瓶說的話都不能信。

雙魚別哭，我保護你。

圓滿篇

對十二星座來說，
怎樣的人生算是
幸福圓滿？
來採訪一下吧！

請問你幸福嗎？

我姓陳……
不姓福……

—14—

白羊

金牛

雙子

巨蟹

獅子

處女

天秤 天蠍 射手 摩羯 水瓶 雙魚

白羊

金牛

雙子

巨蟹

獅子

處女

06:03 12月25日 80%1℃

星座快報
天秤座本週的愛情運、旅遊運都很不錯，可與戀人安排一趟小旅行，能夠迅速替感情加溫。

我以及和我有關係的人都很好，就是圓滿吧！

2016諾貝爾和平獎得主——天秤座，得獎感言：世界大同。

天秤座
9.23~10.23

06:08 9月1日 56%24℃

星座快報
本週的天蠍座吉星高照，尤其投資理財方面，相信會有不小的收穫，但小心別得意忘形了，以免遭人妒忌。

我得到了我要的一切，我想要什麼就能得到什麼才是圓滿。

75元便當發票中千萬大獎，天蠍座表示爽翻了！

天蠍座
10.24~11.21

06:03 9月3日 60%22℃

星座快報
本週射手座在工作上有不小的壓力，但還好在努力之下能明顯看到好成績，身邊貴人多，可以妥善運用。

自由的活著就算圓滿吧！

世界最爽工作，澳洲島主徵選開跑，射手座們競相報名……

射手座
11.22~12.20

天秤

天蠍

射手

摩羯

水瓶

雙魚

不怕辛苦不怕累，每天前進一小步，一定可以攀上最高峰

摩羯座：靠自己努力實現自己的目標，最圓滿不過

本臺記者：陳信宏

水瓶座思密達表示，按我的理想帶領所有人走向幸福什麼的，

就是圓滿了的哈密瓜，

否則圓滿是個神馬！

水瓶座：推動世界往更美好的方向發展，創造新世界就是圓滿。

人人愛我，我愛人人。狗狗愛我，我愛狗狗。喵喵愛我，我愛喵喵。我愛一切，一切愛我。就圓滿啦！

做不到就不要說圓滿，不然提這個詞幹嘛？

西貢

雙魚座   只要大家都相親相愛～就很圓滿了！

2.19-3.20

墜機篇

十二星座不幸遇到空中危機！
他們會有什麼反應？

十二星座會是什麼樣的神，
來看看吧！

—16—

下一頁！

♎ 天秤
♏ 天蠍
♐ 射手
♑ 摩羯
♒ 水瓶
♓ 雙魚

白羊座：不服輸的戰神，愛鬥爭的戰神，除了愛情，沒有輸過。

金牛座：財神！！

雙子座：聊天神兼職生意人，在神界傳播八卦，順便做生意。

白羊

金牛

雙子

巨蟹

獅子

處女

巨蟹座：掌管夜晚的女神，照顧夜行動物以及黑夜之中的大地萬物。

獅子座：掌管白天的男神，照耀所有生命，是光明來源。

處女座：雙面女神，天界冥界兩邊跑～

天秤
天蠍
射手
摩羯
水瓶
雙魚

天呀～為何我這樣的美麗～

如此美麗的我，要如何愛別人呢？

天秤座：天界美女（男）神。

希特拉嗎？直接下地獄吧。下一位！

我好忙耶，你在幹啥呀？

我想靜靜。

天蠍座：雖然永遠都在黑暗裡，卻是擁有實權的冥府之王，等待重新掌管世界的那一天。

來愛愛吧～

來來來！親一個。

射手座：大情種之神……
遊歷天上人間，愛遍女女男男動物各種生物。

白羊
金牛
雙子
巨蟹
獅子
處女

摩羯座：掌管時間的男神，永遠就是他的勝利。

這東西叫十戒，
好東西來的，
記著準沒錯！

水瓶座：到處招收人類為徒弟的男神。

謝停鋒和王非吧？

亞力和嘉敏一對吧！

余余就單身好了。

其實月老就是雙魚座～

卧底篇

對不起，我是警察。

白羊
金牛
雙子
巨蟹
獅子
處女

白羊座成就：混入黑幫一期。

你真勇猛！從今天起你就是我的左右手了！

好兄弟！明天帶你去我們的白粉場。

謝謝老大！

然後你另送點給年輕人，讓他們上癮了，我們就發了～

如果這麼做的話……我也成了壞人了！

不可以害別人！

我就知道你是好人！

我才不要這樣做！束手就擒吧！

白羊座目標明確效率高，但不擅長長期隱忍，很容易看不慣黑社會作為而曝露身分……

下一頁！

金牛座成就：臥底一萬年成功搗破犯罪集團。

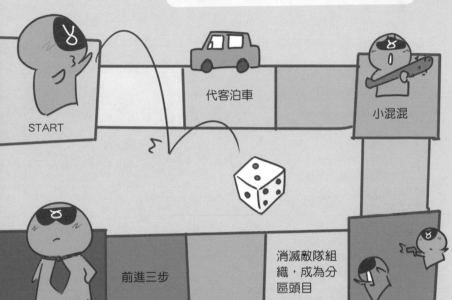

代客泊車

START

小混混

天秤

天蠍

射手

摩羯

水瓶

雙魚

前進三步

消滅敵隊組織，成為分區頭目

※油尖旺：香港十八區之一。

完成100宗走私活動，成為油尖旺※的首領。

金牛座慢熟但擅長累積資本。

對不起，
我是警察。

通報警方，拘捕大BOSS立下大功成為警界高層！

帶著巨資成功身退，隱居世外桃源。

雙子座成就：終極無間道。

巨蟹座成就：成為大BOSS的愛人。

老大，旺角夜場的現金
幫你數好了。

細細粒，謝謝你了！
還有件事，想跟你說～

我決定要金盆洗手了，
做完這回，我們就遠走高飛吧！

我愛你。

可是……明天
就要行動了……

怎麼辦！我愛上老大了！？
可是明天就要開始拘捕行動了！

怎麼辦、怎麼辦！

巨蟹座做臥底
很容易變心。
忠愛難兩全，是隨時
為愛殉情的臥底。

白羊

金牛

雙子

巨蟹

獅子

處女

獅子座成就：活捉黑道小弟一個。

喪標，傻強叫我以後跟著你呢！

如果不是強哥介紹，我才不管你這條粉腸呢！

我跟你這菜鳥說，想跟我走江湖，就要聽我的！

別像個傻子一樣站著！不會吱一聲嗎，啞了嗎？

我忍不住了！我最討厭別人戳我頭了！！

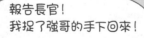

報告長官！我捉了強哥的手下回來！

抓這種小混混有意思嗎！我們要對付的是大BOSS你懂不懂啊！？

因為言語不合無法忍耐，獅子亮明身分逮捕了一名小弟……畢竟獅子是不能臥太久的動物……

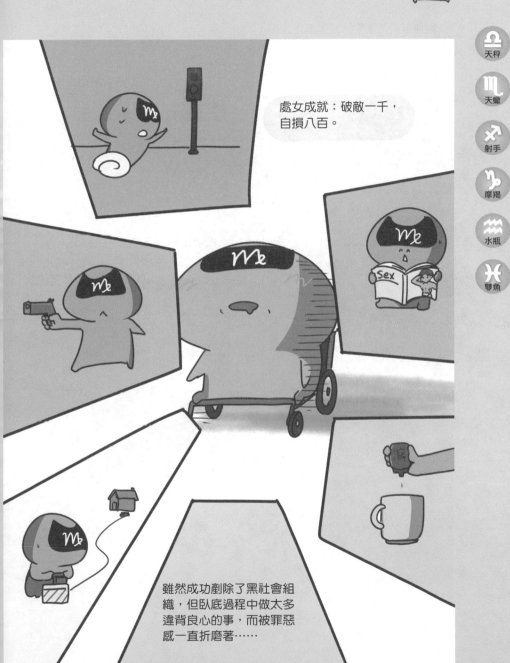

天秤
天蠍
射手
摩羯
水瓶
雙魚

白羊

金牛

Ⅱ
雙子

巨蟹

獅子

處女

天秤座成就：帶領黑幫向警方投誠。

你不是不知道
毒品的危害吧？

你想想有多少孩子
因為父母吸毒而
缺乏照顧……

雖然你說的
都很有道理，

成

可是……

聽我的……老大，
我們一起去自首吧

好兄弟，若
你這麼說……

成

我就去自首吧！

PC9527報告
大麻成來自首了！

天秤座憑著寬和為人的本領打入
黑幫，首領被成功和諧～所以說
天秤座最適合調停了！

射手座成就：臥底三年，享樂三年。

老大～聽說那邊開了間新的酒吧。我們去高興一下吧！

聽起來不錯喔～

這麼高興，我們去唱卡拉OK吧～

OK、OK～Let's go

BOSS我想過了，臥底還是不適合我。我不幹了～

這個計畫我們投入這麼多，你怎麼能突然收手！！

照這樣下去，警局連電費也交不起了！

射手座臥底三年，同時也吃喝玩樂三年，之後就辭職浪跡天涯。

下一頁！

♈ 白羊
♉ 金牛
♊ 雙子
♋ 巨蟹
♌ 獅子
♍ 處女

水瓶座成就：帶領組織轉型。

哈哈哈！整個旺角的 白粉都是由我來操控～

Boss

這次我總算 發財了！

這是死路 一條才對。

你是誰！ 在亂說什麼？

Boss

我是新來的 低階小混混。

不過如果老大你肯 聽我說幾句…… （省略一萬字）

又好像 有點道理。

Boss

三年後

水探員！我叫你查 傻強的毒品！ 怎麼一點進展都沒有？

Sir

這是辭職信 我退休不幹了。

因為他早就改做別的生意， 我叫他投資房地產， 現在我們賺了好幾十倍。

既然他是正當商人， 我也不用查了吧～

水瓶座向老大洗腦教育，帶 領社團成功規避法律制裁， 再次用創意拯救世界。

123

下一頁！

雙魚成就：三天內曝露身分，卒。

水瓶座想對十二星座說的內心話

蠢萌的白羊。

金牛太傻了。

雙子就是我小弟。

巨蟹這人我看不懂。

獅子其實有病吧！

處女病得很嚴重。

天秤是我的另一位小弟。

天蠍今天沒吃藥，
還是離他遠一點好……

射手是萌萌的缺心眼。

摩羯簡直病入膏肓。

水瓶你是天才呀！

雙魚才是外星人吧。

扔鞋篇

十二星座看什麼樣的爛
電影會氣得扔鞋呢?
來看看吧!

白羊

金牛

雙子

巨蟹

獅子

處女

白羊座：劇情節奏過於拖拉的時候。

下一頁!

白羊

金牛

雙子

巨蟹

獅子

處女

天秤
天蠍
射手
摩羯
水瓶
雙魚

成俊哥，不要死！
你不要死呀！

寶儀妹，我得了
白血病。

成俊哥！

剛剛又車禍了，
妳還是不要管了。

Don't die…

I got cancer, I die la.

我死了～

成俊哥，
別死呀！

成俊哥！

死了

Don't die! don't die…

I die.

又是這種騙眼淚的，
我就知道！無聊死了……

巨蟹座：刻意煽情毫不Touch的時候。

白羊

金牛

雙子

巨蟹

獅子

處女

下一頁!

天秤

天蠍

射手

摩羯

水瓶

雙魚

下一頁！

天秤

天蠍

射手

摩羯

水瓶

雙魚

白羊

金牛

雙子

巨蟹

獅子

處女

我和他是真心的，阿姨不要阻止我！

We are true love. don't stop us.

這是五百萬分手費。

我跟她玩玩的，其實我早結婚了⋯⋯

I give you money.　OK. I will say goodbye to her.

有錢就萬能嗎！？去死吧！

射手座：電影中三觀※無下限的時候。

※三觀：指價值觀、世界觀、人生觀。

下一頁！

天秤
天蠍
射手
摩羯
水瓶
雙魚

阿迅出生於佃農世家，
生活刻苦，每天過著吃不飽、穿不暖，
工作到天黑的艱苦日子……

Xin-Hong is very very poor.

隔年中了六合彩，
從此過著美滿的人生。

One day he become rich.

什麼鬼！
就這樣嗎！？

摩羯座：不具任何社會意義的電影。

2億元特效！
史詩級動作大片！

連續四屆奧斯卡影后，
環球小姐冠軍卡文主演。

帥

美

超級猛男！
亞力大山！
大明星主演！

北美200億票房得獎電影。

可是我對這部
沒感覺！差評！

雙魚座：看感覺……

雙魚座想對十二星座說的內心話

白羊像我一樣勇敢。

金牛像我一樣踏實。

雙子像我一樣懂的多。

巨蟹像我一樣有愛。

獅子像我一樣招人喜歡。

處女像我一樣純潔。

天秤像我一樣懂得愛別人。

天蠍像我一樣深刻。

射手像我一樣理想遠大。

摩羯像我一樣謹慎。

水瓶像我一樣特立獨行。

雙魚像我一樣萬能。

—19—

日記篇

撿到一本日記……

假如十二星座有寫日記的習慣，
他們會寫下什麼？
來看看吧！

寫得真好呢！

身為男人，有時候不管對手是誰都必須挺身而戰！那就是夥伴的夢，被人嘲笑的時候！

By 騙人布

金牛的日記記下美好的名言、語錄和歌詞。

果然有效呢！

22.今天洗碗的時候
發現加了醋能更有效去汙漬～

摩羯座會記下生活小竅門跟工作小技巧。

我看看……

JUNE 六月

處女座的日記就像工作計劃表。

這是工作計畫吧，日記不是這樣寫的吧……

說得你們很會寫似的，別看我的日記了！

喙，真無趣……

天秤

天蠍

射手

摩羯

水瓶

雙魚

我現在在寫日記，

正在寫第一行，

現在是最後一行，完。

白羊座日記就只記下現在
想到什麼，正在做什麼嗎⋯⋯

今天的我還是一樣的美，

我還捐款給紅十字會呢！

果然我是最棒的～

獅子座的日記會寫下今天
自己的樣子和做了些什麼事。

FIRE THE HOLE

你根本沒寫日記吧！

做人要向前看！

自由的射手座不會被日記束縛。

別拘泥於
昨天嘛！

白羊

金牛

雙子

巨蟹

獅子

處女

今天好高興呢，
快點記下來～

今天在路上遇到男神～超開心！
他有跟我打招呼～開心死了！
原來他還認得我呢，好高興～～

巨蟹座會記下自己的情緒與感覺。

那個豬頭燕！自己弄髒教
室還誣賴我！連老師都站
在她那邊，太可惡了！我
一定不會放過她！

天蠍寫下憤怒和責罵。

今天他送花給我
最愛我的二寶寶了♥

你的日記
可愛耶！

將來一定
是大作家！

雙魚記錄下生活中的美好，
並搭配可愛的塗鴉。

天秤

天蠍

射手

摩羯

水瓶

雙魚

- 從前有一個在海上的鋼琴家，
- 他並不會彈鋼琴，完～
- 從前有一個小王子，有一天，
  他死了，完～

雙子座記下別人的搞笑事件和各種經典段子。

雪輝在07：30起床了，
然後他在08：25到學校，
09：30時在課堂睡覺所以被老師罵。
在10：00被罰站了～

天秤座寫下喜歡的那個人一天的作息。

今天大魔王──燕子來襲，還好信宏大人帶領時報戰隊出擊，把敵人打得落花流水，然後隊長瓊苹和靜倫把大壞人「K糞」暴打100次，終於又一次保護了地球。

水瓶編織各種故事。

你們到底知不知道日記是什麼意思！？

不要在意這種細節啊～

消失篇

十二星座為何會
無緣無故的失蹤？
來看是什麼原因吧！

作者不更新了嗎？

大概又跑到什麼
地方去玩吧。

145 下一頁！

白羊座：忘了。

還有五分鐘火車就要走了，
白羊那傢伙在哪……

你打電話
給他了嗎？

快放大招
打倒那個大BOSS！

天秤

天蠍

射手

摩羯

水瓶

雙魚

壓根就忘了這件事，
沒興趣、沒印象的事還是缺席吧～

金牛座：冷淡。

聽說他昨天去酒店喝醉，
被打了一頓耶！
你要去醫院探望他嗎？

哪個他呀？
算了吧，跟我沒關係。

快吃吧，
菜要涼了。

不再在乎的時候什麼都無所謂了，自然也沒有現身的必要。

白羊

金牛

雙子

巨蟹

獅子

處女

和對方沒什麼話可說，或說了沒人聽，
不想相互了解與被了解了。

前方有高度危險，
還是快急速撤退吧！

下一頁！

獅子座：自保。

等一下讓你吃勁辣壽司，看你還敢不敢欺負我！

來，有壽司吃喔～唭？人呢？

知道對方會用一些低級手段攻擊或陷害自己時，獅子就會消失一下。

你有看到處女那家伙嗎？

沒有呢。

處女座：專注。

今天必須完成100頁PPT！

需要認真做事時，處女會消失直到把事情完成。

天秤

天蠍

射手

摩羯

水瓶

雙魚

白羊

金牛

雙子

巨蟹

獅子

處女

下一頁!

射手座：出醜。

天秤
天蠍
射手
摩羯
水瓶
雙魚

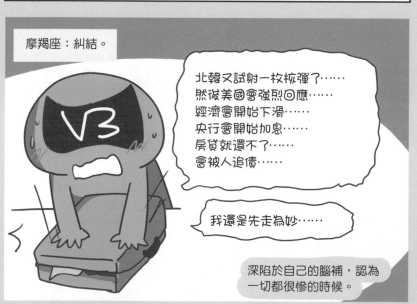

摩羯座：糾結。

和十二星座去旅行
會是怎樣的感覺？

旅行篇

白羊

金牛

雙子

巨蟹

獅子

處女

白羊座

感覺就像是在兩條腿裝上了電動馬達，恨不得一下子看完當地所有的景點。

金牛座

購物與美食之旅，吃好吃的，給親戚朋友買好用的，重點是便宜，值回票價就好！

下一頁！

這裡是1557年，葡萄牙人登陸的地方。你知不知道第一個上岸的葡萄牙人叫什麼名字呢？

我告訴你吧～是亞力山大・蔞・卡文・一世

雙子座

對雙子座來說，旅行就是一個炫耀知識的好舞臺。

你看你看！還有按摩浴缸呢！

這張床好軟喔！

巨蟹座

舒適的床與浴室，再美的風景都不及酒店的魅力。

白羊

金牛

雙子

巨蟹

獅子

處女

獅子座

豪華觀光遊，對獅子來說出來旅遊，開心有面子最重要，就算背債也要豪華到底。

處女座

療傷之旅，旅行是處女座逃離工作生活的藉口，讓自己一個人靜靜，舒舒壓。

天秤座

追尋記憶之旅，可能是從小生長的地方，也可能是青蔥歲月的時光，天秤總是跟隨記憶舊地重遊。

這裡的風景，跟小時候阿母帶我來的時候一模一樣呢。

BABY~ Come On~

Oh Yeah~

天蠍座

把妹之旅，選個風景優美的地方帶上心愛的妹子，配上浪漫舒服酒店才夠嗨啊！

天秤

天蠍

射手

摩羯

水瓶

雙魚

白羊

金牛

雙子

巨蟹

獅子

處女

射手座

走到哪裡是哪裡，任性的射手隨時都
可以來場說走就走的旅行。Let's go！

摩羯座

攻略之王，摩羯座喜歡縝密的計劃，
搜尋網路上評論跟著網上攻略旅行。

下一頁！

天秤

天蠍

射手

摩羯

水瓶

雙魚

水瓶座

對水瓶來說，旅行就是為了在不同風景下展現更美好的自己。

雙魚座

帶著夢想出發，旅行是為了圓自己的夢，這可能和一本書，一部電視劇有關，總之旅行就是心靈的嚮往。

下一頁！

天秤

天蠍

射手

摩羯

水瓶

雙魚

白羊

金牛

雙子

巨蟹

獅子

處女

下一頁！

下一頁！

♎ 天秤

♏ 天蠍

♐ 射手

♑ 摩羯

♒ 水瓶

♓ 雙魚

土象星座不來也罷。看我們火象星座全體High翻天吧。

咦？人呢？

射手、白羊他們倆昨天就裝病請假出去玩了。

一個比一個不可靠。

十二星座除了雙子、天秤……土象又都不去，那還有誰呢？

水瓶～要不要跟我們一起去High？

我沒空啊！

水瓶

我在做很重要的事，下次再約吧！

那就沒辦法了，不過你忙啥？

我在把七味粉分類，看哪一種味的成分最多～

水瓶不會喊不好玩，總有有趣的事情等著他們發掘。

白羊

金牛

雙子

巨蟹

獅子

處女

對了，還有天蠍和你！
要不要一起去。

我打電話問天蠍，
他說他有事在忙，
等一下再去。

那麼你呢？

我要去約會談戀愛，
你們自己去玩吧！

重色輕友。　雙魚

不管了我們三個去
開Party，去High吧！

卡文俱樂部

喔～你們終於來了，
等了這麼久
我都快玩完回家了！

天蠍

總共2000元，請問
刷卡還是付現呢？

公司尾牙篇

一年一度的尾牙！
大家是真心期待這一餐嗎？
來看看吧！

白羊

金牛

雙子

巨蟹

獅子

處女

下一頁！

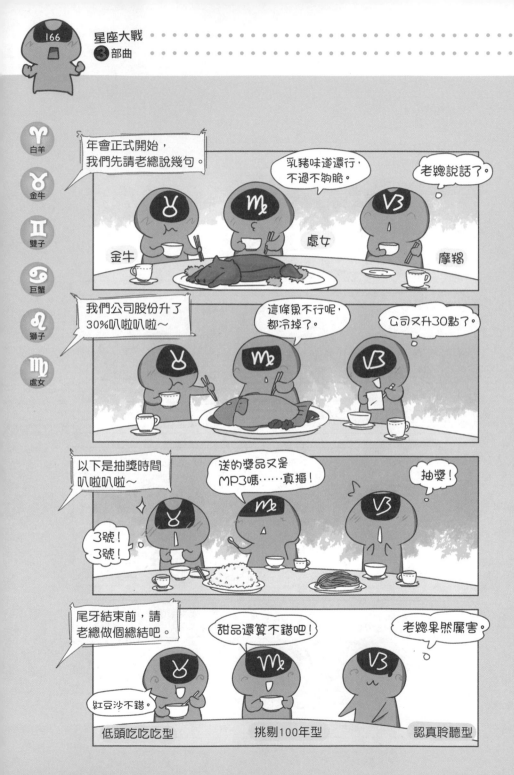

醉酒篇

來看看十二星座喝醉酒後
有什麼驚人表現吧？

PIEPIE溫馨提醒,
酒可亂性,為身體著想,
請不要貪杯呢!

-24-

大家喝夠了吧？
我開車送你們回去吧！

酒駕很危險，
千萬不要～

偶是東區
車神呢！

看你醉成這樣，
先喝點水吧……

白羊座：橫衝直撞，
絲毫不顧後果。

這杯子真大，
倒了半瓶水。
還倒不滿呢……

看我的鞦韆吧！

哈哈哈！
笑死我了！

處女座：裝清醒但失去
條理而笨手笨腳。

金牛睡著了。

哈哈哈哈～～～

哈、哈、哈……

哈……

白羊

金牛

雙子

巨蟹

獅子

處女

嗚嗚……

哈哈哈，你在哭啥呢～

你們這樣不行的呢！

巨蟹座莫名其妙地哭。

天秤座莫名其妙的笑。

跟你說喔……做人開心是很重要，但是……你不能只是為了開心而開心，你懂嗎……你要開心我才開心，大家都開心，才開心呀，是不是呢？

雙子座：喋喋不休的說傻話。

等一下！
古語有云，床前明月光，疑似地上霜，前不見古人，後不見思故鄉……
你要知道……
人不能老是這樣。

別煩我！

老子在教你，教你懂嗎？

你很煩耶！
有種別走，我去叫人！

我跟你說嘛，老是動刀動槍是不對的啦……

我現在就打電話，有膽別走！

水瓶座：談論哲學和宇宙。

下一頁！

一群白痴，一喝就醉嗎？
……不過我也不行了。

嗯。

天蠍座：越醉喝越多，
一杯喝完又一杯。

喔。

喂喂，你……
看著我想幹啥？

別動手動腳喔。

啊，你拿我的酒
幹嘛呢！！

其實我！喜歡你很久了！

啥？

摩羯座：醉後吐真言或傾訴壓抑。

天秤

天蠍

射手

摩羯

水瓶

雙魚

射手座：狂魔亂舞。

獅子座：表演慾高漲。

雙魚：開始模仿，上演各種戲碼～

下一頁！

PIEPIE的感謝語

PIEPIE，星座大戰3終於完成了，在最後妳有沒有什麼話想和讀者說呢？

有的呢！

這本書被我拖稿快兩年，最終還是能順利推出，實在是大大大感動～

所以想借這一頁，感謝支持我的各位人士。

排名不分先後喔～

感謝一直陪伴我的男朋友

我家的美女編輯瓊萍

不是歌手的信宏主編大人

幫忙寫稿子的小亞、妳覺和宅星婆

以及！

一直收看我作品的**你！**

謝謝你們的支持了！

幹嘛把自己畫得那麼帥氣……又想秀畫技嗎？有時間好好準備星座大戰4吧！

是的，明白，我不敢了……

那麼我們下一本見吧！

FUN 030

星座大戰 3部曲

作　　　者	PIEPIE ♓	
文 字 提 供	王小亞 ♍、幻覺 ♐、宅星婆 ♏	
主　　　編	陳信宏 ♐	
責 任 編 輯	王瓊苹 ♍	
責 任 企 畫	曾睦涵 ♊	
視 覺 設 計	果實文化設計 ♑	
校　　　對	陳希 ♍ 謝宜瑾 ♍	

總 編 輯　李采洪 ♍
董 事 長　趙政岷 ♏
出 版 者　時報文化出版企業股份有限公司
　　　　　108019　臺北市和平西路 3 段 240 號 3 樓
　　　　　發行專線－（02）2306-6842
　　　　　讀者服務專線－（0800）231-705・（02）2304-7103
　　　　　讀者服務傳真－（02）2304-6858
　　　　　郵撥－19344724　時報文化出版公司
　　　　　信箱－10899臺北華江橋郵局第99信箱

時 報 悅 讀 網　http://www.readingtimes.com.tw
電 子 郵 件 信 箱　newlife@readingtimes.com.tw
第 二 編 輯 部 臉 書　http://www.facebook.com/readingtimes.2
法 律 顧 問　理律法律事務所 陳長文律師、李念祖律師
印　　　刷　金漾印刷有限公司
初 版 一 刷　2016年09月02日
初 版 十 刷　2023年06月14日
定　　　價　新臺幣 250 元

時報文化出版公司成立於一九七五年，
並於一九九九年股票上櫃公開發行，於二〇〇八年脫離中時集團非屬旺中，
以「尊重智慧與創意的文化事業」為信念。
（缺頁或破損的書，請寄回更換）

星座大戰. 3部曲 / Piepie作. -- 初版. -- 臺北市：時
報文化, 2016.09
　面；　公分. -- (Fun系列；30)
ISBN 978-957-13-6765-1(平裝)

1.占星術 2.通俗作品

292.22　　　　　　　　　　　　　　105015397

ISBN 978-957-13-6765-1
Printed in Taiwan